Sonidos en la noche

Carmen Delfino
ilustrado por Sofía Balzola

Yo soy Dino. Es de noche.

Desde mi cama veo la Luna.

¿Es un saltamontes con tos?

Me asomo y no lo veo.

¿Es un pato despistado?

Me asomo y no veo nada.

¿Es el sonido de un topo?

Me asomo y no veo nada.

¿Es una moto?

Me asomo y no la veo.

¡Es Soda!

¿Dónde te metiste, Soda?

Soda y yo estamos en la cama.

No hay más sonidos.